CATALOGUE

DES

OBJETS D'ART

ET D'AMEUBLEMENT

Groupe du XIV⁰ siècle en ivoire; Sculptures en marbre;
Deux grands vases en albâtre oriental incrustés de cornalines et de lapis;
Orfèvrerie; Statuettes en bronze du XVII⁰ siècle;
Cabinet en marqueterie de bois du XVII⁰ siècle;
Meubles et stalle en bois sculpté;
Glaces avec cadres à moulures de cuivre garnis de cristaux de roche;
Pendule du temps de Louis XIV en marqueterie à colonnes détachées;
Broderies des XV⁰ et XVI⁰ siècles.

TABLEAUX ANCIENS

DONT LA VENTE AURA LIEU

Par suite de réalisation de gage

HOTEL DROUOT, SALLE N⁰ 9

Le Samedi 5 Décembre 1885

à trois heures.

COMMISSAIRES-PRISEURS

Mᵉ Paul AULARD	Mᵉ Paul CHEVALLIER
6, rue Saint-Marc, 6.	10, rue Grange-Batelière, 10.

EXPERTS

Pour les tableaux :	*Pour les objets d'art :*
M. E. FÉRAL	M. Charles MANNHEIM
54, Faubourg-Montmartre, 54.	7, rue Saint-Georges, 7.

Chez lesquels se trouve le présent Catalogue.

EXPOSITION PUBLIQUE : le Vendredi 4 Décembre 1885,

De 1 heure à 5 heures.

CONDITIONS DE LA VENTE

La vente sera faite au comptant.

Les acquéreurs payeront cinq pour cent en sus des enchères.

L'exposition mettant le public à même de se rendre compte de l'état des objets, il ne sera admis aucune réclamation une fois l'adjudication prononcée.

Paris. — Typ. Pillet et Dumoulin, 5, rue des Grands Augustins.

VENTE DU SAMEDI 5 DÉCEMBRE 1885

HÔTEL DROUOT, SALLE N° 9.

Par suite de réalisation de gage.

OBJETS D'ART

ET

D'AMEUBLEMENT

SCULPTURES — ORFÈVRERIE

BRONZES D'ART

MEUBLES — BRODERIES

TABLEAUX ANCIENS

EXPOSITION PUBLIQUE

LE VENDREDI 4 DÉCEMBRE 1885

De une heure à cinq heures.

COMMISSAIRES-PRISEURS

Mᵉ PAUL AULARD | **Mᵉ PAUL CHEVALLIER**
6, rue Saint-Marc. | 10, rue Grange-Batelière.

EXPERTS

M. E. FÉRAL, peintre | **M. CHARLES MANNHEIM**
54, Faubourg-Montmartre. | 7, rue Saint-Georges.

IMPRIMERIE PILLET ET DUMOULIN
RUE DES GRANDS-AUGUSTINS, 5, A PARIS

DÉSIGNATION

SCULPTURES

1 — Ivoire. — Petit groupe du xive siècle et de travail français. — La Vierge assise et couronnée, vêtue de long, tient une fleur de la main droite et l'enfant Jésus debout sur sa jambe gauche. Ce groupe a conservé des traces de décor d'or et de couleurs sur le siège et les vêtements.

2 — Marbre blanc. — Deux têtes de satyres, grandeur nature sur piédouches en marbre rougeâtre du Languedoc.

3 — Marbre blanc. — Médaillon ovale offrant en bas-relief le buste de Charles-Quint de profil.

4 — Bois. — Panneau rectangulaire en hauteur offrant en bas-relief le sujet du Calvaire. xvie siècle.

5 — Albâtre oriental. — Deux très grands vases ovoïdes à couvercle, sur piédouche et à deux anses carrées prises dans la masse, décorés de cannelures en spirale et de godrons et enrichis de bandes d'or-

nements incrustés en lapis et cornaline. xviie siècle. Haut. 1ᵐ 23.

6 — Marbre blanc. —Deux bas-reliefs rectangulaires
en hauteur représentant chacun un saint personnage debout sous un arceau à plein cintre.
xvie siècle.

ORFÈVRERIE

7 — Six salières ovales en argent ciselé, décorées
au pourtour de festons de feuilles de chênes à anses têtes de boucs et reposant sur quatre pieds à
enroulements. Travail anglais de style Louis XVI.

8 — Haut relief du xviie siècle en argent repoussé
représentant la Vierge dans sa gloire. Elle repose
sur des nuages et le fond est enrichi de figures
d'anges et de chérubins. Cadre en bois sculpté
avec moulure en cuivre ciselé découpé à jour.

9 — Coffret oblong à contours en argent ciselé doré
en partie. Il est décoré de jeux d'amours en bas-
relief et présente à sa partie supérieure un
groupe composé d'un enfant debout et d'un cygne
reposant sur une base découpée à jour.

10 — Coffret oblong à angles coupés, en argent gravé
à rosaces et ornements et enrichi de cinq pein-

tures sur émail représentant des sujets tirés de la vie du Christ.

11 — Coffret oblong en argent ciselé de travail chinois décoré de médaillons renfermant des sujets guerriers et fond couvert de fleurs et de feuillages. Le dessus et le fond sont formés de plaques de jaspe vert.

12 — Coffret oblong et à contours en argent doré en partie. Le couvercle est surmonté d'un lion couché.

13 — Plateau oblong à lobes en argent repoussé et doré en partie décoré de coquilles et d'ornements. Allemagne, XVIIe siècle.

BRONZES ET OBJETS VARIÉS

14 — Deux statuettes en bronze du XVIIe siècle sur socles à gorge en marqueterie de cuivre et écaille. Mercure d'après Jean de Bologne et l'Aurore figurée par une femme ailée debout sur des nuages.

15 — Flambeau formé d'une figure de satyre agenouillé près d'un godet et reposant sur un socle triangulaire. Bronze italien du XVIe siècle.

16 — Deux flambeaux vénitiens de forme surbaissée en cuivre gravé.

17 — Porte de tabernacle en fer simulant en bas-relief une porte ogivale décorée d'un écusson armorié supporté par deux lions héraldiques et surmonté d'un groupe représentant le martyre de saint Sébastien.

18 — Serrure de style gothique avec encadrement fleurdelisé découpé à jour et offrant à son centre une façade de monument avec figurines en relief et portant le blason de France.

19 — Cinq grands flambeaux d'autel en bois sculpté à figures, bas-reliefs représentant des sujets bibliques et ornements. xvie siècle.

20 — Vase ou cornet en ancienne faïence de Castel-Durante décoré de rinceaux fleuris en couleurs sur fond bleu et à médaillons bustes d'homme et de femme.

21 — Vase à couvercle, du temps de Louis XVI, en marbre blanc, avec anses en bronze ciselé et doré, composées de têtes de satyres entourées de festons de vigne ; des guirlandes de fleurs ont été rapportées au-dessous des anses et le vase présente sur sa face un médaillon ovale avec buste d'homme de profil à droite en bas-relief.

MEUBLES

22 — Cabinet du dix-septième siècle en marqueterie de bois, à paysages, figures et ornements. La porte centrale est flanquée de deux demi-colonnes cannelées.

Le dessus et les côtés ouvrent et renferment des tiroirs. La table est supportée par quatre pieds carrés.

23 — Stalle en bois de noyer sculpté. Le dossier est décoré d'un candélabre, de rinceaux et de mascarons.

24 — Meuble Renaissance à deux corps, en bois de noyer, décoré de montants à cariatides. Il ferme à quatre portes séparées par un rang de tiroirs.

25 — Table rectangulaire en bois d'ébène incrusté d'ivoire à rosaces et ornements. xvɪe siècle.

26 — Meuble Renaissance, en bois de noyer, fermant à trois portes décorées d'ornements sculptés en bas-relief et reposant sur une table supportée par des colonnes carrées et des pilastres cannelés, relié par des arceaux.

27 — Deux glaces ovales à biseaux, avec cadres en bois sculpté et doré, à larges rinceaux et à fleurs.

28 — Deux grandes glaces octogones, en hauteur, avec cadres en glace et moulures de cuivre enrichies de branches de fruits rapportées en cristal de roche.

29 — Pendule du temps de Louis XIV, forme dite Religieuse, en marqueterie des trois parties, écaille, étain et cuivre, à deux colonnes détachées aux angles de la façade et surmontée d'une figurine-applique du temps en bronze doré. Le cadran marque les phases de la lune, les mois, les jours, etc.

30 — Meuble-étagère en laque noir et aventuriné du Japon, à décor d'arbustes et d'oiseaux en or et montants formés de bambou.

31 — Cadre rectangulaire, en hauteur, avec ouverture ovale en bois sculpté composé d'enroulements et de mascarons.

BRODERIES

32 — Bande de broderies du quinzième siècle, en or et couleurs, composée de figures de saints personnages debout sous des monuments à colonnes torses et présentant à son centre un médaillon qui renferme la Vierge debout, portant l'Enfant Jésus.

Cette bande est appliquée sur un fond de velours ponceau.

33 — Bande de satin ponceau décorée de rinceaux, de dragons et de dauphins brodés en or et couleurs et enrichie de trois médaillons ronds, représentant des bustes de saints personnages vus à mi-corps et finement brodés, xvie siècle.

34 — Quatre carrés et deux bandes de même travail provenant d'une dalmatique et rapportés sur damas ponceau.

TABLEAUX ANCIENS

BOUCHER (d'après F.)

(DEUX PENDANTS)

35 — *L'Été et l'Automne.*

Figurés l'un par des amours jouant sur des gerbes de
blé, l'autre par des amours pressant des grappes de raisin.
Camaïeux bleus.

Toiles. Haut., 1 m. 15 cent.; larg., 85 cent.

BOUCHER (d'après F.)

(DEUX PENDANTS)

36 — *Des Amours.*

Les uns jouent au bord d'un cours d'eau, les autres
tiennent une cage et font voltiger un oiseau retenu par un
fil.
Camaïeux bleus.

Toiles. Haut.. 85 cent.; larg., 1 m. 28 cent.

CUYP (ALBERT)

37 — *Portrait d'homme.*

Vu jusqu'à la ceinture ; la tête de trois quarts tournée
vers la droite, front découvert avec toque, barbe blonde ;
vêtement noir, large collerette rabattue.

Signé à droite et daté 1649.

Bois. Haut., 72 cent.; larg., 58 cent.

GABÉ

38 — *Sujet de chasse.*

Deux chiens jappent contre un faucon qui vole au-dessus d'eux ; différents ustensiles de chasse sont adossés
contre un vase de pierre entouré de fleurs. Sur le devant,
un chapeau de feutre posé à terre sur un couteau de chasse.

Toile. Haut., 1 m. 45 cent.; larg., 1 m.

LAURI (FILIPPO)

39 — *Diane surprise par Actéon.*

La déesse, entourée de ses nymphes, se baigne dans un
cours d'eau ombragé par de grands arbres ; deux amours
voltigent au-dessus d'elle. Actéon paraît au second plan.

Toile. Haut., 1 m. 28 cent.; larg., 1 m. 52 cent.

MAES (Nicolas)

40 — *Portrait d'homme.*

Représenté dans un parc, vu à mi-corps, appuyé sur un socle de pierre, portant un vêtement en soie violette et drapé dans un manteau rouge.

Signé à gauche.

Toile. Haut., 71 cent.; larg., 60 cent.

MORO (Antonio)

41 — *Portrait d'homme.*

Vu à mi-corps, la tête de trois quarts tournée vers la gauche, portant toute sa barbe, une toque sur la tête; vêtement noir; il tient ses gants.

Fond verdâtre.

Très bon portrait peint sur bois.

Haut., 68 cent.; larg., 52 cent.

PRUD'HON (attribué à P.-P.)

42 — *Portrait d'homme.*

En buste, la tête de trois quarts; habit en drap bleu avec ruban à la boutonnière, cravate et gilet blancs.

Haut., 64 cent.; larg., 52 cent.

SLINGELANDT (P. Van)

43 — *La Cuisine.*

Sur une table en partie couverte d'une nappe se trouvent un chaudron en cuivre rouge, un panier en osier, une bouteille et autres objets; au-dessous, des limandes et différents ustensiles.

Fin et précieux petit tableau, d'une parfaite conservation.

Bois. Haut., 22 cent.: larg., 31 cent.

TÉNIERS (David)

44 — *Intérieur rustique.*

Une vieille femme dort assise sur une chaise; à gauche, différents ustensiles tels que chaudron, pot au lait en cuivre jaune, tonneau, etc.; sur le devant, un plat en terre rouge contenant des soles; au centre, des choux, une botte de navets. Dans le fond, deux villageois causent devant une cheminée.

Bois. Haut., 41 cent.; larg., 62 cent.

TÉNIERS (attribué à DAVID)

45 — *Intérieur de Tabagie.*

Quatre villageois causent, groupés autour d'un escabeau
où sont posés un petit réchaud et un papier contenant du
tabac. Vers la gauche, au second plan, d'autres personnages
se chauffant devant une cheminée. Une femme, la tête à
une petite fenêtre, regarde dans l'intérieur de la pièce.

Ce tableau est signé, à droite, D. Téniers F.

Toile. Haut., 43 cent.; larg., 55 cent.

ZUCCARELLI

46 — *Décoration formée de six tableaux.*

Représentant des paysages accidentés, avec rochers, cours
d'eau, cascades, et animés par de nombreux personnages et
animaux.

Les deux plus grands mesurent : 1 m. 28 de hauteur
sur 1 m. 55 de largeur.

Les deux suivants : 1.30 de hauteur sur 1 m. 14 de largeur.

Les deux derniers : 1.30 de hauteur sur 1 m. 05 de largeur.

Peints sur toiles.

ÉCOLE ALLEMANDE (XVIIe SIÈCLE)

47 — *Portrait d'homme.*

Debout, vu à mi-corps, vêtement noir, barbe et cheveux blancs, toque sur la tête, il tient à la main un étui de lunettes ; dans le fond les armes du personnage. A gauche, un cartouche portant une inscription latine et la date 1506.

Bois. Haut., 82 cent.; larg., 71 cent.

ÉCOLE FLAMANDE (XVIe SIÈCLE)

48 — *Triptyque représentant l'Adoration des Mages.*

Au centre, le Mage grec, vu à mi-corps, en adoration devant l'Enfant Jésus, que la Vierge tient dans ses bras ; au second plan, saint Joseph ; sur la gauche, un groupe d'officiers et de serviteurs.

Sur le volet de droite, le Mage d'Ethiopie, debout, couvert d'une cuirasse à riches ornements en or ciselé.

Sur le volet de gauche, le Mage Asiatique.

Le panneau du centre a 1 m. de haut sur 70 cent. de large.

Les deux volets ont chacun 1 m. de haut sur 31 cent. de large.

ÉCOLE FRANÇAISE

49 — *Trois Amours voltigeant dans un ciel.*

Dessus de porte.

Haut., 70 cent.; larg., 1 m. 15 cent.

ÉCOLE ITALIENNE

(DEUX PENDANTS)

50 — *Saint Paul et saint Mathieu.*

Peintures sur fond or.

Bois. Haut., 1 m. 30 cent.; larg. 63 cent.

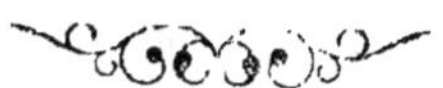